冲段必备

化繁为简学围棋

星小飞常型（上）

邹俊杰 著

山西出版传媒集团　书海出版社

图书在版编目（CIP）数据

化繁为简学围棋. 星小飞常型. 上 / 邹俊杰著. —
太原：书海出版社，2023.11
ISBN 978-7-5571-0123-7

Ⅰ. ①化… Ⅱ. ①邹… Ⅲ. ①围棋—基本知识 Ⅳ.
①G891.3

中国国家版本馆 CIP 数据核字（2023）第 192244 号

化繁为简学围棋. 星小飞常型. 上

著　者：	邹俊杰
责任编辑：	张　洁
执行编辑：	侯天祥
助理编辑：	王逸雪
复　审：	崔人杰
终　审：	梁晋华
装帧设计：	谢　成

出 版 者：	山西出版传媒集团·书海出版社
地　址：	太原市建设南路21号
邮　编：	030012
发行营销：	0351-4922220　4955996　4956039　4922127（传真）
天猫官网：	https://sxrmcbs.tmall.com　电话：0351-4922159
E-mail：	sxskcb@163.com　发行部
	sxskcb@126.com　总编室
网　址：	www.sxskcb.com

经 销 者：	山西出版传媒集团·书海出版社
承 印 厂：	山西出版传媒集团·山西人民印刷有限责任公司

开　本：	787mm×1092mm　1/32
印　张：	5.25
字　数：	70千字
版　次：	2023年11月　第1版
印　次：	2023年11月　第1次印刷
书　号：	ISBN 978-7-5571-0123-7
定　价：	20.00元

前　言

　　哈喽，大家好，我是邹俊杰。熟悉我的朋友们应该知道，我之前写过一套围棋系列书籍叫做《变与不变》。这一晃，都快十年了，无论怎样"变与不变"，围棋终究是变了。AI的出现，给围棋技术带来了革命性的变化，很多下法被淘汰，同时，也有了很多创新的下法。怎么说呢？

　　AI的出现，让我们所有的围棋人，都重新开始学习围棋。这次，我就是来和大家分享我的学习笔记的。

　　我们都知道，AI具备着超强大的算力。因此，AI的很多招法背后的逻辑是难以理解的。并且，它是机器，只告诉你胜率，一个冰冷的数据。它没法告诉你它的逻辑推理过程、它的思考方式，您只能自己去揣摩。它也没有情感，不知道人类擅长掌握什么局面，棋手之间的风格差异和个人喜好。所以，即使是顶尖的职业选手用AI学习，AI也不能教授他们如何控制局面，将局面简化并把优势保持到终点。因为，AI只会告诉你：胜率！胜率！胜率！

对不起，这个胜率是AI眼中的胜率，不是你眼中的胜率！就像乔丹告诉你，他可以在罚球线起跳，并且在空中滑行的过程中，抽空想想今晚是吃披萨还是牛排，喝哪个品牌的红酒。然后，再将篮球轻松地灌进篮筐。对不起，你就是原地扣篮也是不太可能的事，更别说罚球线扣篮了。

所以，AI的招法我们是需要简化地学习的。也就是说，化繁为简，放弃一些复杂的下法，找到相对简明又能控制局面的下法，这才是关键！如同健身一样，每个人能力不同，训练力量的强度则不同。咱们必须找到适合自己的下法，这才是最重要的！毕竟，围棋需要咱们自己去下，你不能总拿着AI的胜率去指点江山。如果靠嘴下棋可以赢棋，我想我也可以和乔丹较量一下篮球啦。

好啦！讲了这么多废话，我写这套书的目的是什么呢？我就是想让大家轻松地学习AI的招法。

无论是开局定式还是实战常型，我都想把我对 AI 下法的理解，配合全局的思考，以及我个人对局面的喜好呈现给大家，让大家能更好地理解和掌握一些流行的下法。

我们都知道，围棋始终是计算的游戏。提高计算力最好的方式就是做死活题。但当你有了一定的计算基础，掌握一些流行定式和实战常型的下法就是如虎添翼，会让你的实战能力得到极大的提高！

而光看 AI 的胜率是很枯燥的，它没有情感。人类的柴米油盐酱醋茶、琴棋书画诗酒花，AI 完全不懂！并且，围棋中很多非常复杂的战斗，即使有 AI 辅助，人类依然很难搞明白。

所以，我就想，咱能不能化繁为简，让大家轻松学 AI 呢？

我想试试看！希望这次出版的系列作品，能给大家带来精神的愉悦和棋力的提高。如果一不小心，能帮助您多赢几盘棋，升个段啥的，我就非常愉快啦！

图一

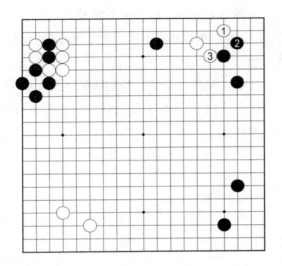

同学们好！本册，咱们聊聊星位、小飞棋形的常用手段。

围棋要想下得好，基础就得打扎实。

那么，常见棋形的一些下法，咱们必须有一个较为深入的了解。

自从有了 AI 之后，有些同学太纠结于 AI 的一选，认为只有一选才是最佳。

心情可以理解，但我认为这是一个学习的误区。围棋除了死活、官子之外，是没有标准答案的！

没有完美的人生，也不会有完美的围棋！

太纠结于最佳，您一定不懂爱情。

"给你一张过去的CD，听听那时我们的爱情……"

好啦，先放过爱情，咱们聊聊围棋。

图一，白1、3的手段，是本册咱们要聊的第一个课题。

图二 申真谞执黑对金志锡

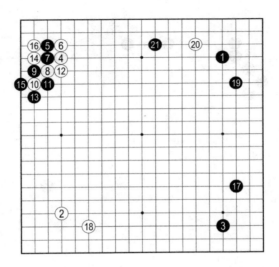

图二，取自于韩国两位顶尖高手的实战。

黑21夹击，右上角的棋形实战中会经常出现。

关于右上角的棋形，您也许知道一些手段。

但细节清楚吗？如果真让您说出个道道来，是不是心里没底，脑袋也发蒙？

三分天注定，七分靠运气，爱蒙才会赢！

同学们，请好好学。

学会了，下棋的时候就不需要靠蒙了。

图三

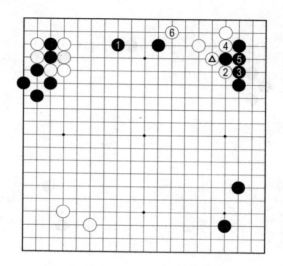

黑1脱先抢地是比较简明的应对。

白2、4是愉快的先手便宜。

小白："就像是打地鼠一样，很解压！"

白6安定好自身，白棋可以满意。

邹老师，这下法以前很流行啊！难道黑棋有问题？

要紧跟时代！AI老师来啦，咱们要重新开始学围棋。

图四

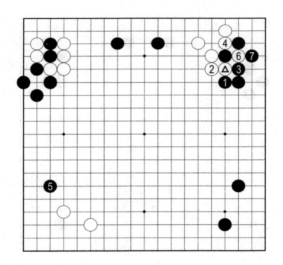

黑1贴，才是更好的应对！

注意细节上的差别！

黑1与白2交换之后，黑棋星位的子就变轻了。轻则弃！

与上图比较一下，黑棋争到了先手，速度更快。

发现黑1贴的好处了吗？

白4打吃不到，您是不是总觉得心里缺点什么？

真是心痒痒！

图五

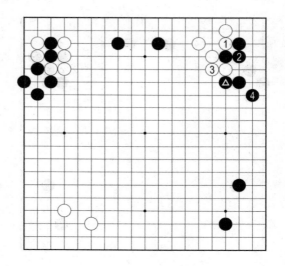

所以，您一定想到白棋先在1位打吃。

可白3粘的时候，黑棋可于4位小尖补棋。

黑棋棋形的弹性要稍优于图三。

就好那么一点点，难受不？

"不爱那么多，只爱一点点。"

围棋要想下得好，拼的就是细节。

图六

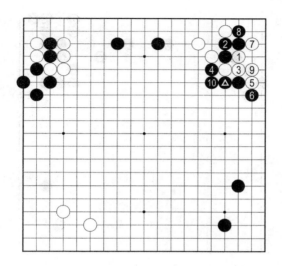

白1从这里打，看起来是不是有些乱？

您心中是不是在想——这闹的是哪出？

至白9，几乎是双方必然的进行，黑10补外面的断点，角里对杀会怎样呢？

图七

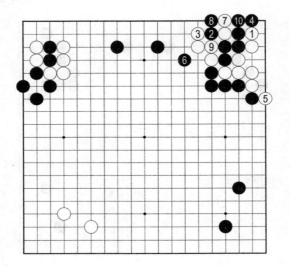

白1爬角里，是第一感。

来看看杀气的情况。

直接杀气是个双活。因此，白5一路扳，是为了延气。

黑棋不予理睬，正确！

黑6位飞，与上边白棋杀气。

至黑10，对杀啥情况？请同学们算一算。

邹老师，白棋应该快一气啊！

图八

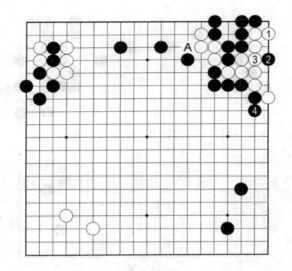

没错！白1弯，快一气杀黑。

小黑："鸡腿啃得香吗？"

小白："香！"

小黑："抱歉地通知，您要乘坐的飞机已经起飞了。"

知道啥叫"因小失大"吗？

至黑4，今后A位还是黑棋的先手，白棋明显吃亏。

当然，此时黑棋还有更好的选择！

图九

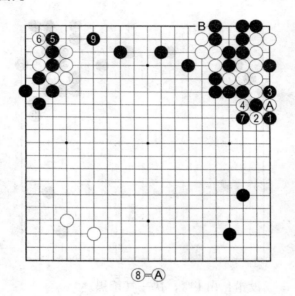

⑧＝Ⓐ

黑1——我打！

白2如B位紧气，可以吃黑棋。

只不过，与上图比较，白棋就变成了后手吃！

忍无可忍就无需再忍！白2打，与黑棋打劫。

可惜，运气不好。黑棋左上角有好多劫材！

至黑9，白棋难以为继。

小白："唉，维护世界和平，只能交给后人了。"

图十

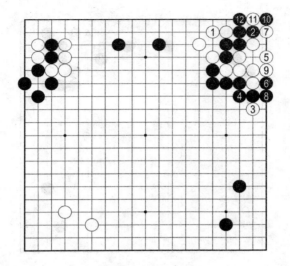

回到图六，来看看白1之后，杀气会如何？

角里杀气并不复杂。

至黑12，角里是个劫。

白棋角里没吃掉，外围已经先损失出去了。

像极了开发商，房子还没动工，钱已经装兜了。

小黑："像这种人傻钱多的客户，给我来一打！"

小白："你骂谁！"

图十一

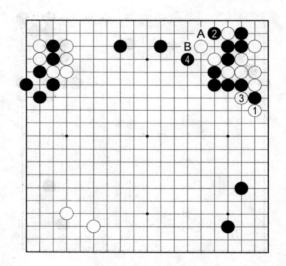

白1夹，啥意思？

不用纠结！每个人想法不同，咱没精力一个个猜过来。

只需搞清楚，自己是盈利的就好！

黑2打吃，先延气。白3打，从下边跑出，黑4飞，吃住上边。今后，白A则黑B，白棋气不够。

至黑4，依然是黑棋明显有利！

综上所述，图六中白1的打吃，不能成立！

图十二

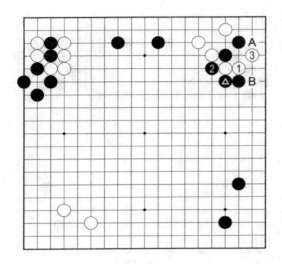

白1冲下来，会如何呢？

小白："我有个大胆的想法！"

小黑："不，你没有！"

白3小尖之后，A与B见合了，黑棋似乎有些为难。

图十三

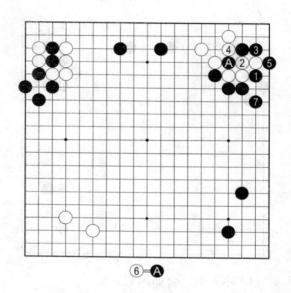

黑1、3经典手筋。

白4只能提，至黑7，白棋这一串反倒吃亏。

本图的进行，白棋不如图四、图五的定型。

邹老师，白4不能立吗？

您试试！

我就想拼个桌。同意我就拼桌，不同意我就拼命！

图十四

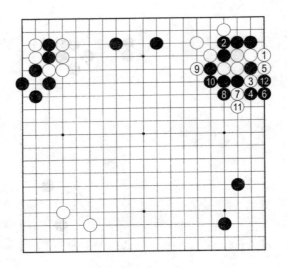

白1立。

小白："我还是放不下执念。"

若是白1立，咱们就成全了他！

黑6立，直接杀！

至黑12，形成打劫，白棋没劫材——卒！

小黑："这个世界上没有什么是放不下的。

疼了，自然就放下了。"

图十五

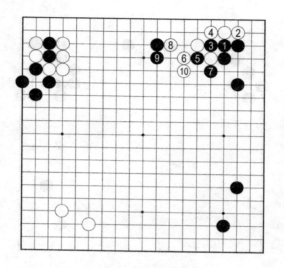

黑1团，是以前曾经流行的下法。

而在此局面下，被AI老师批评了。

AI老师："这么丑的棋形也能流行，人类的审美真是个迷。"

白8虎，是此时紧凑的好棋！

白10长出，棋形坚实。

而边上两颗黑子，面对着左上角白棋，行棋方向有些尴尬。

图十六

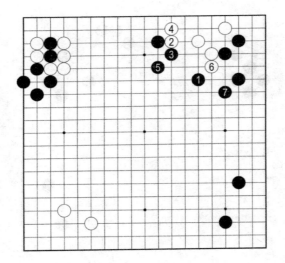

黑1跳，是此时可以考虑的一手！

配合右下角，黑棋扩张下边的势力。

白2碰，就地安定。

AI老师，很喜欢这类碰的手法。

紧凑，催促黑棋定型。

至黑7，是双方可接受的结果。

图十七

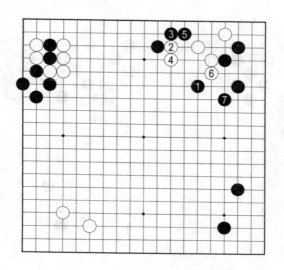

当然，黑棋也可以选择黑3下扳。一言不合，就动粗！至黑7，一场乱战在所难免。

邹老师，那上图和本图，您觉得选择哪个更好呢？

您猜？正如我开篇所说，围棋是没有标准答案的。我们想要的是——所希望的事物之本质，未见的事物之证明！

邹老师，麻烦您，说人话！

好吧。下围棋，那些难以抉择的判断，我们只能靠——信仰！

图十八

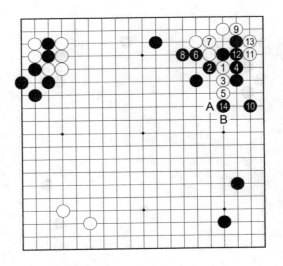

白1是扳不到的！

黑2断，白5跑出，黑6先封上边，逼迫白棋活角。

黑14顶，拿捏白棋的棋形。

接下来，白A则黑B，白棋滞重，黑棋好调。

图十九

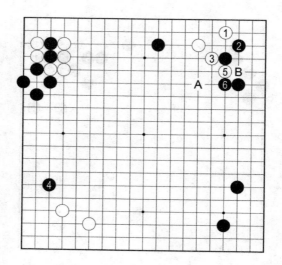

好啦，总结一下。

对于角上白1、3的整形。

黑棋于4位脱先，也可考虑。

邹老师，脱先啥意思？

抢空啊！空多才快乐啊！

白5扳时，黑棋6位夹，是好棋，要略优于B位挡！

黑4此时走A位跳，也不错。扩张右边的阵势。

图十六与图十七，是双方都可接受的定型。

图二十

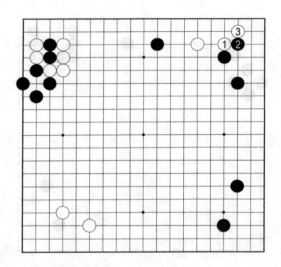

接下来，咱们换一招。

讲讲如今更为流行的手段，白棋1、3托、扳。

邹老师，角上的那些下法，实战中很常见，还能讲出啥新意呢？

实话说，邹老师也讲不出新鲜的干货。

只不过，每盘棋的配置不同，一些细小的区别，还是值得我们去体会和学习的。

招法是死的，思路是活的。

这就像是您学会了招式，但没学心法，武功必然大打折扣。

图二十一

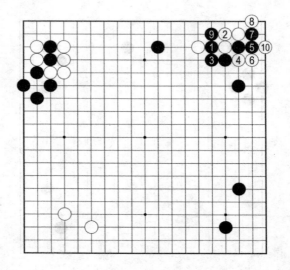

黑1、3打了接，劝君取地。

小白："不用劝！对于地，我从来不拒绝。"

小黑："能不能多出去走走，开开眼界，长长见识！"

至白10，是常见的局部定型。

黑5还有另一种选择。

图二十二

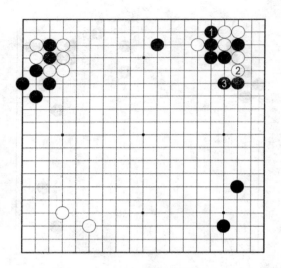

黑1直接冲下，在此时也可考虑。

白2顶，可先手活角。

邹老师，上图是白棋后手，本图是黑棋后手，黑棋为啥要弄个后手？

有时候，后即是厚！

黑棋上边变厚了，与右下角的"大飞守角"形成呼应。

您好好品品。

有时候，我们的生活节奏要慢一点，才能更好地享受人生。

图二十三

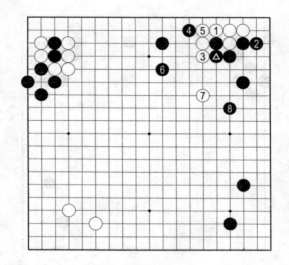

白1连回，也是一法。

至黑8，是普通的进行，双方大致两分。

邹老师，说说不普通的下法呗。

哎呦，反应挺快嘛！

有没有觉得黑棋下边的阵势不够丰满？

图二十四

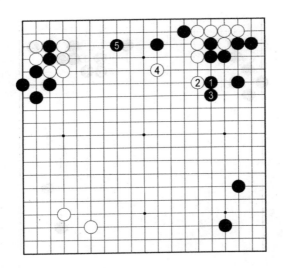

黑1跳，是此时好手。

白2靠，黑3长，顺势巩固下边。

白4与黑5是见合的好点，黑棋必得其一。

与上图比较，黑棋右边的阵势是不是生动了不少？

当然，全局依然是均势。

图二十五

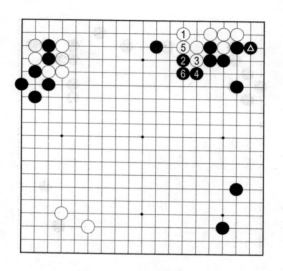

有些场合，白1虎，就地安定也是一法。

只不过，此时的配置，白棋有些不合时宜。

黑2封住白棋，下边的阵势壮观，黑棋可以满意。

小白："之前，你走得慢一些，叫享受生活。如今，我走得慢一些，就叫不合时宜?"

小黑："也许，是你太相信光。"

小白："又是奥特曼?"

小黑："相信光，月月光!"

图二十六

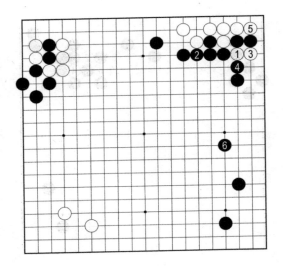

白1断，局部的巧手，同学们要牢记！

黑2是稳健的应对。

至黑6，我认为，白棋要优于上图的定型。

只不过，黑棋下方配置理想，整体来看，黑棋依然可以满意。

图二十七

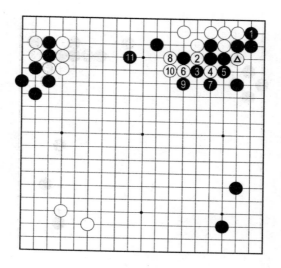

黑1拐，不弃角也是一法。

像这种"恨空"的手法，让我内心鄙视的同时，又莫名地喜欢！

白2、4打出，手法有些俗。

至黑11，我认为黑棋还不错。

小黑："白兄，您这"俗手大全"玩得溜啊！"

邹老师，那白棋不出头，还能玩出啥花样？

图二十八

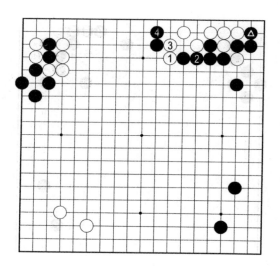

记住白1的跨出，帅是第一位的！

黑如3位冲，白2位冲，黑棋就中计了。

难度不大，同学们请自行琢磨一下。

黑2粘，才是正确的应手。

白1虽然足够帅，但局势依然是混乱的战斗。

综上所述，图二十五中白1的二路虎，在此时，还是如图二十三向外贴出会好一些。

图二十九

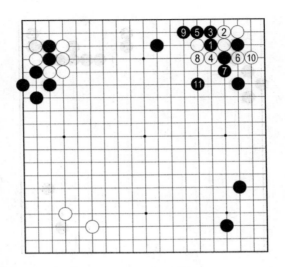

再来看看黑1、3冲下的下法。

小白："这么直接，不装啦？"

小黑："反正劝不劝，你都是要取地的。"

白4先断，破坏黑棋外围的棋形。

至黑11，是常见的定型。

真的没问题吗？

什么！还能有啥招？

图三十

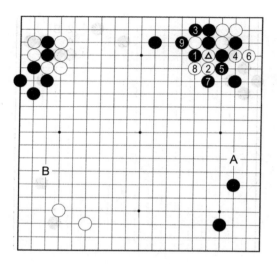

黑1先打吃，或许会更好一些。

与上图作比较，本图白棋的气更紧！

黑棋的目的就是催促白棋跑！

小白："不跑，难道等死啊！"

小黑："就喜欢你这种较真的劲。"

很多时候，太较真，就输了！

白棋看轻三颗子，先抢占大场，才是明智的选择。

A或B，都是此时白棋可以考虑的选点。

图三十一

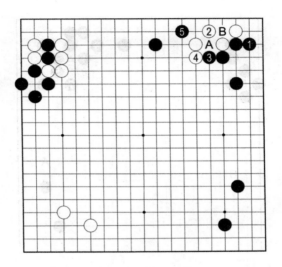

黑1立的下法，最近也很流行。

白2虎，有中计之嫌。

至黑5，发现了吗？

与之前图二十三作比较，黑棋少了A与B的交换。

那有啥关系？

黑棋少撞了一口气啊！黑棋自身厚实了很多。

黑5之后，白棋应还是不应呢？应又应在哪呢？是不是麻了？

场面搞这么尴尬，一定是问题出在了前面！

图三十二

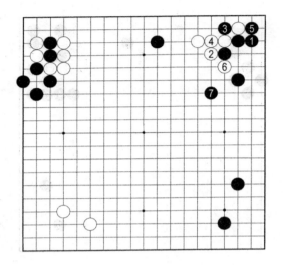

多数情况下，白2虎都是不错的选择。

白6打吃，在此局面下，方向有些小问题。

黑7飞，黑棋下边的配置不错。

邹老师，黑棋的棋形有些薄啊！

全是破绽就没有破绽。

图三十三

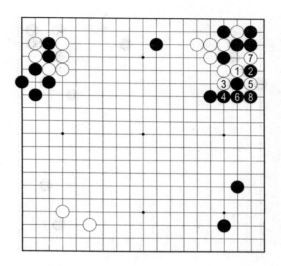

　　白1冲，至白7，白棋冲是冲下来了，可是收获并不大。

　　黑棋角上是活棋。白棋这一串操作，有把黑棋撞厚的嫌疑。

图三十四

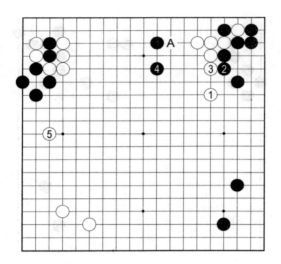

　　别贪图小利！白1跳，才是此时更好的选择！

　　消除黑棋下边的势力。

　　黑4跳，白棋可脱先抢占大场。

　　至于上边，白棋无需担心。

　　今后，A位碰，就能整理出眼形。

　　黑2与白3的交换，也可保留不走。

图三十五

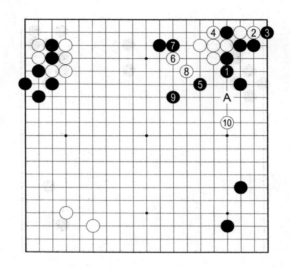

黑1长，多数场合都是稍亏的！

白2不仅目数大，也关系到眼位。

黑5飞，攻击白棋的同时，扩张下方形势。

小白："听说，您棋下得不错，最近很火！"

小黑："惭愧。都是虚名而已。"

小白："我这一看，下得确实是屎啊！"

白6、8整理好上方棋形之后，白10打入，破坏黑棋势力。

今后，瞄着A位的跳点。

黑棋这一串，得到了啥？

图三十六

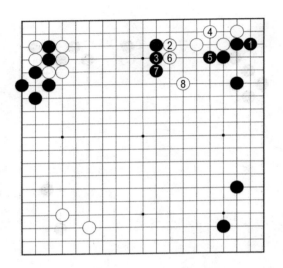

除了图三十四的选择之外，白棋还有2位碰的下法。

抱着化繁为简的宗旨，给同学们讲几个简单的处理方法。

复杂的，不太好理解的变化，咱们今后在视频课里详细讲！

黑3长，简明应对。

至白8，白棋达到就地安定的意图。

全局来看，依然是均势。

图三十七

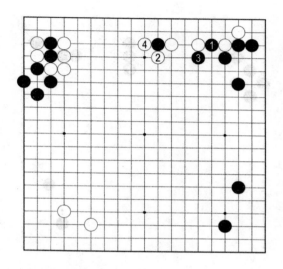

黑1反击，也是一法。

至白4，双方各有所得。

我个人认为，黑棋的棋形更饱满，我更喜欢黑棋。

小白："看来，角地不能弃啊！"

小黑："现在明白了？你随意挥霍的，正是别人渴求的！"

图三十八

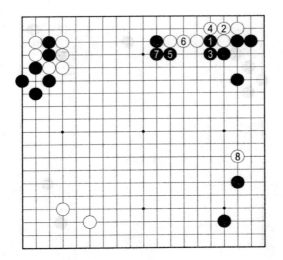

白2粘，也许稍优于上图。

至黑7，单看局部，我认为黑棋不错。

只不过，白棋的方向还行，保持住了局面的平衡。

左上角白棋，限制了黑棋上边的潜力，争到先手于8位打入，破坏黑棋下边的潜力。

当然，就我个人来说，我更喜欢白棋图三十四的定型。

图三十九

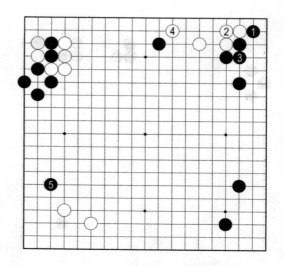

黑1扳，也是实战中经常运用的手段。

白2、4就地安定。

我要是和您说，白棋如此简单处理就不坏。

您相信吗？

我怎么觉得，邹老师您话里有话呢。

图四十

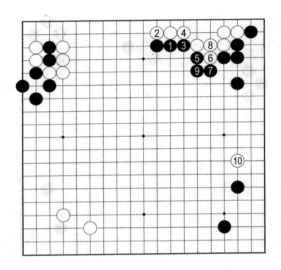

对不起。这次没有转折，让大家失望了！

上方，黑1与白2见合。

黑3以下的操作，看似很爽。

可是爽，不能当饭吃！

邹老师，白棋难道不委屈吗？

黑棋的配置不好，下边围不出空。

黑棋拿到的薪水，都不够买盒饭的，到底谁委屈！

黑棋不如选择上图的进行。

图四十一

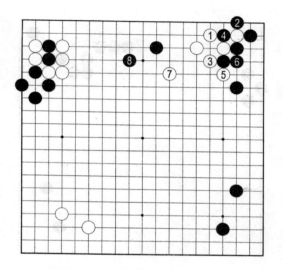

来看看白棋其它的选择。

白1虎，也是常用手法。

至黑8，白棋这一串，手法潇洒，棋形华丽。

只不过，钱呢！

不能说，白棋的定型不好。

我个人认为，白棋的下法不好掌握。

相对来说，我更喜欢图三十九的定型。

图四十二

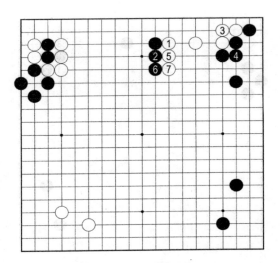

如果您既要钱，又要图潇洒。

白1碰，倒是可以试一试。

至白7，我认为白棋还不错。

左上角是白棋的，黑棋边上三颗子的行棋
方向，似乎有些问题。

当然，局部黑棋也有其它反击的抵抗。

有机会，咱们在微信视频号里详细讲解。

看个书，没必要搞那么费劲。

何苦为难自己呢。

图四十三

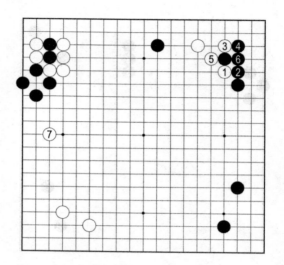

白1碰，熟悉吗？

是不是高手经常如此欺负您？

至黑6，白棋就希望黑棋如此应对。

有没有似曾相识的感觉？

小白："最近工作压力大，再玩一次打地鼠，解解压。"

其实吧，黑棋并没有亏很多。

只不过，人争一口气！

为什么要怂?！

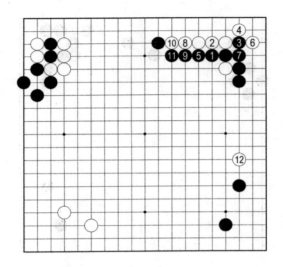

棋形感觉上，黑1长出是必然的。

进程中，白4如于5位拐，则黑于7位粘，白棋反倒吃亏。

至黑11，双方各取所需。

小白："我怎么感觉被黑暗吞噬。"

小黑："自信点！你就是那束光！"

图四十五

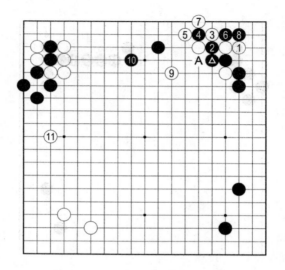

我个人更喜欢，白1长进角的定型。

黑2冲之后，黑棋断哪边，白棋就吃哪边！

上方，白棋A位贴是绝对先手，棋形上没有问题。

至白11，依然是双方接近的形势。

图四十六

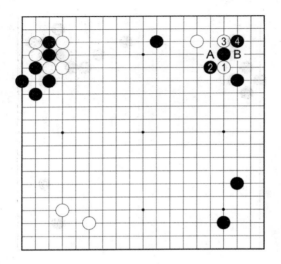

生活太平淡，想寻求点刺激。

黑2扳，可以挑战一下。

小黑："没办法，高富帅的缺点，就是容易空虚。"

小白："你是在说我吗？"

黑4之后，白棋A、B两种下法，都会有些难度。

看，刺激不经意间就来啦！

图四十七

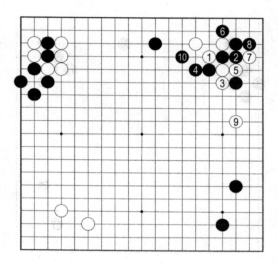

白1打吃之后，白3必然要跑出。

黑4长，则白5冲下，形成转换。

至黑10，局部难分优劣。

小黑："敌人很灵活，我心有不甘啊！"

图四十八

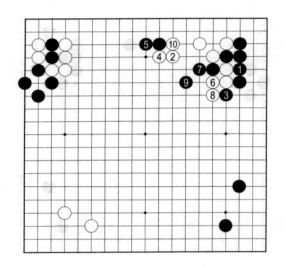

黑1粘，也是一法。

白2飞出。至白10，是一场难解的战斗。

邹老师，我这一战斗就头疼！能不能简化一下？

小黑："哎呦，海内存知己，天涯若比邻啊！我一动脑子就肚子饿。"

小白："你就知道吃！不如来世做猪，前途一片光明！"

图四十九

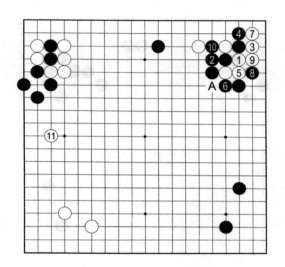

接图四十六。

好啦，换一招简明的。邹老师，专治各种头疼病。

白1、3、5、7取角争先，是不是清爽了很多？

今晚不用失眠了吧！

至黑10，白棋角上已经活了，别再纠缠局部。

记住下围棋的核心——只要有机会，赶紧抢钱！

小白："原来下围棋就是当强盗啊！"

别误导！邹老师说的是靠正当途径合法赚钱！

右上角，白棋今后可 A 位断，制造作战的头绪。

图五十

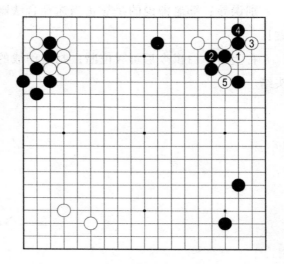

邹老师，之前好像看见过职业高手有这么下的。

清爽的不要，非要烧脑是吧。

小白："我想挑战自己！人要是没有梦想，和咸鱼有什么分别！"

小黑："咸鱼不好吗？你早上喝粥的时候，难道不想它？"

注意局部的征子关系！

白棋此时征子有利，白5才可以冲出来！

图五十一

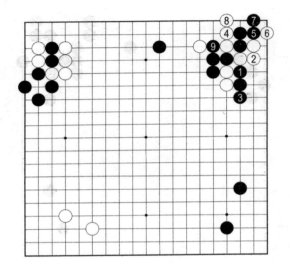

角上似乎白棋把黑棋吃住了。

别高兴得太早！

黑9冲，麻了！

要钱还是要脸呢？

小白："脸能当饭吃吗！"

小黑："佩服！"

白棋如后手吃角，其实亏得也不算多。

可人争一口气，咱们要站着，把钱给挣

了！

图五十二

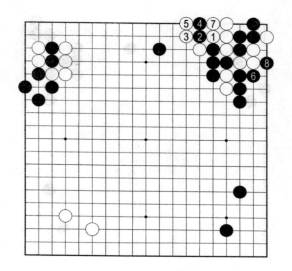

白1挡。"站起来，为新的力量喝彩！"

可是，要面子就赚不到钱，人生就是这么苦。

黑2、4好棋，角姓了黑。

小白："唉，棋如人生，赚钱是最难的！"

白5和黑6的交换，有把黑棋撞厚的嫌疑。

图五十三

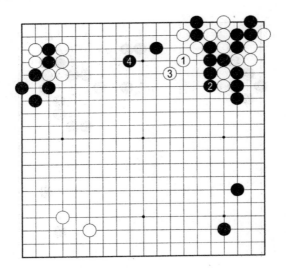

白1直接虎，优于上图。

黑2自补，本手。消除自身的余味。

至黑4，我认为是黑棋不错。

无论是图五十一的"要钱"，还是本图的"要脸"，白棋都要稍亏一些。

小白："日子真的有那么难吗？"

小黑："都说了是稍亏，你别那么偏激。"

综上所述，白棋选择图四十九的进行，我认为会好一些。

图五十四

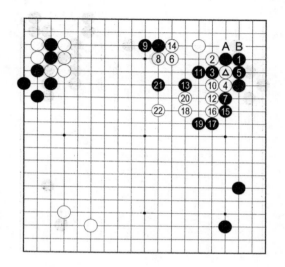

实际上，黑1立就挺好。

小白："不觉得委屈吗?"

小黑："该忍就忍，但你别太过分!"

白2如扳，黑3断，至白22，形成双方都难以把控的激战。

是不是有些熟悉?

与图四十八作比较，等于少了角上A与B的交换。

差别不大。

邹老师，能不能搞简明点?

图五十五

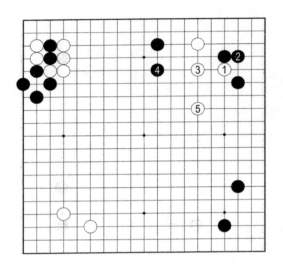

当初，白棋其实没必要搞那么狠。

为啥要自寻烦恼呢？

白3、5跳出，多清爽啊！

小白："随风奔跑，自由是方向。"

小黑："你是风儿，我是沙。"

多好啊！小白与小黑又可以愉快地做朋友

了。

图五十六

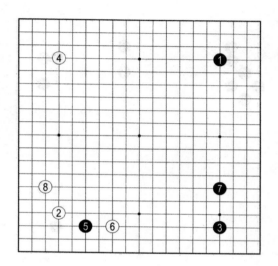

好啦，咱们换个背景图。

之前，重点讲了二间夹击的一些下法。

现在，咱们来看看白6一间夹，夹紧了一路，会有什么区别呢？

邹老师，还能有啥花招，玩来玩去不就是那几招！

手机就那几种功能，为啥华为和苹果卖得最好？

细节！围棋要下得好，一样是要注意细节！

图五十七

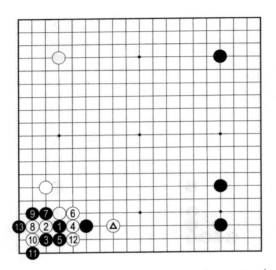

黑1、3，还是原来的配方，熟悉的味道。

发现了吗？

与图二十一作比较，白棋外围少拆了一路。

其实，差别也不大。

只不过，总有被黑棋便宜的感觉。

小白："你快乐了，我就感受不到快乐了！"

小黑："你这种锱铢必较的个性，怎么能快乐呢？"

图五十八

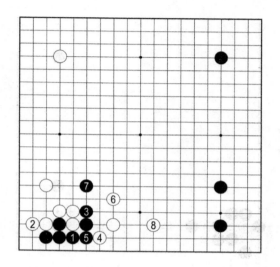

黑1连回的下法，也可行。

只不过，我个人不喜欢。

黑棋，没空啊！一个穷鬼，哪来的吸引力呢！

小黑："我是一匹来自北方的狼，走在无垠的旷野中。唉，一个人的奔跑，太孤独了。"

小白："加油！离脱单不远了。"

图五十九

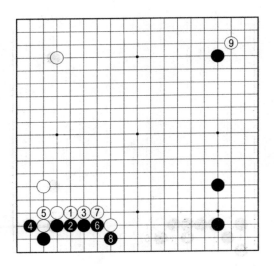

白1长，也是可考虑的选择。

少见吗？其实，高手的实战中，经常会使用到。

至黑8，黑取地，白取势，双方各取所需。

白棋可脱先抢大场。

今后，左下角如何定型呢？

图六十

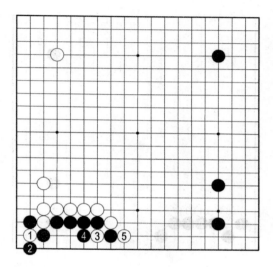

白1断，继续灵魂的考问！

小白："要钱还是要……"

小黑："都这么熟悉了，别总问这种愚蠢的问题！"

白3断，好次序。

白棋包住了黑棋。

小白："帅不帅！"

图六十一

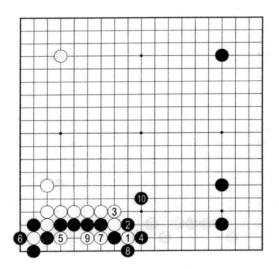

白棋为啥不直接1位扳呢？

担心转换啊！

白棋吃掉4颗黑子，但外围损失不小，白棋不便宜！

因此，上图才是白棋正确的次序。

小黑："一说到次序，我想再讨教讨教。"

小白："先把这盘棋的学费结了，啥都好说！"

图六十二

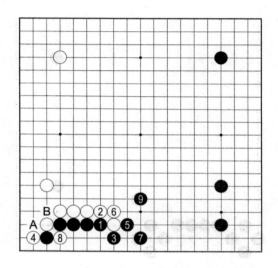

之前，黑1、3的次序才是更好的选择！

看出区别了吗？黑棋少作了A与B的交换！

白4扳，要求还原到图六十。

小白："就问你，吃不吃！"

黑5、7出头，瞄着角上A位吃。

白8补棋，黑9飞起，双方见合的好点。

邹老师，差别在哪呢？

之前，黑棋作了A与B的交换。

而如今，黑棋今后可B位打吃，外围的厚薄有一些差别。

小白："搞这么细腻，活着累不累啊！"

小黑："一想到你啊，就让我快乐。为了打败你，我每天都充满斗志！"

图六十三

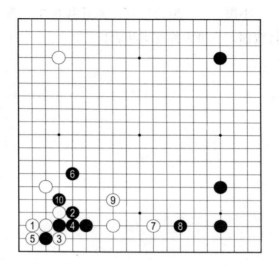

白1立，是之前讲过的手段。

在此局面，依然是不错的选择。

初棋无劫，黑4只好粘上。

黑6跳，帅气！（之前有讲过，不会忘了吧！）

至黑10，我个人不太喜欢黑棋。

与图五十八，有些相似。

总得有钱（空），才能吃饭啊！

图六十四

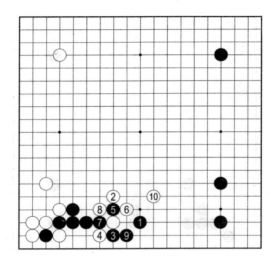

黑1拦逼，是我认为更积极的下法！

为了吃饱饭，咱们得努力！

白2跳，棋形露出了破绽。

黑3托，经典的手段。

黑棋连回，白棋失去进攻目标，有些无趣。

白4扳，黑5挖，值得学习的手筋！

至白10，局势依然很接近。

图六十五

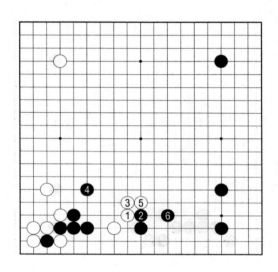

注意！

邹老师又要传授武功心法了！

逃跑的时候用"跳"，进攻的时候用"尖"！

白1小尖，防止上图黑棋联络的手段。

至黑6，双方对跑，依然是一场乱战。

我个人认为，本图的黑棋比图六十三要好。

小黑："有你的陪伴，晨跑变得有趣多了。"

图六十六

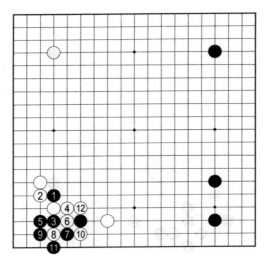

黑1现在碰，我认为白2老实地应住就好。

不能反击吗？

咱们别把简单的问题复杂化了！

至白12，是双方可接受的定型。

小白："角没了，肝疼啊！"

图六十七

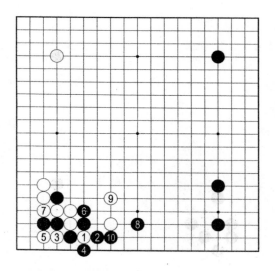

想吃角，白1就断外面。

可外面有些损，心疼吗？

小白："我的心肝啊！可不可以都要啊！"

小黑："太贪心了，啥都不肯给，那我还咋活？"

本图与上图，差距不大，都是可以考虑的选择。

图六十八

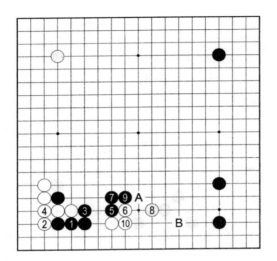

黑1、3的下法，高手的实战中也曾经出现过。

我个人不是很喜欢！

白4粘，局部的棋形要点，需牢记！

黑5、7出头。

白8跳，有趣的一手。

防住自身断点的同时，瞄着9位压。

黑9争头。

白10之后，A、B两点，白棋必得其一。

本图的进行，我更喜欢白棋。

图六十九

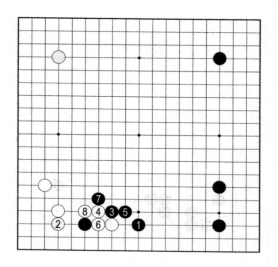

下边，咱们聊聊黑1的拦逼。

结合右边角的配置，黑1逼住是不错的选择。

白2守住角，黑3弃子扩张下边的阵势，是以前常用的手段！

只不过，按现在的围棋理论，黑棋的细节并没有做到更好！

什么？

别惊讶！AI时代来临，咱们都需要重新学习围棋！

AI老师："人类一思考，我就忍不住想笑。"

图七十

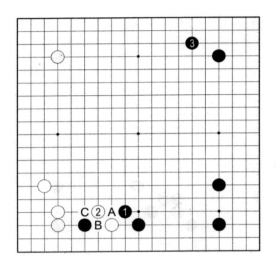

黑1小尖，才是更好的弃子手段。

看出区别了吗？

与上图作比较，黑棋少作了A与B的交换。

小黑："之前草率了，好像确实有点俗。"

今后，黑棋留下了C位冲出的余味。

给白棋制造一些薄味，难道不好吗？

图七十一

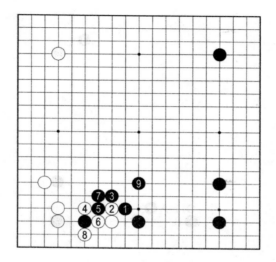

白2贴出，至黑9，白棋争到了先手。

尽管黑棋落了后手，但右边的阵势生动。

实际上，黑棋全局还不错。

回头看，之前图六十九白2的守角，在此局面下有些缓。

图七十二

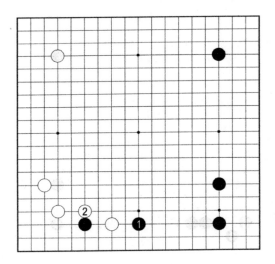

白2压住，也是常用的手法。

在此局面下，白棋要优于上图的进行。

接下来，黑棋有哪些选择呢？

是不是就像是咱们喜欢的明星，既熟悉，又陌生。

您是幸运的，因为有我！

图七十三

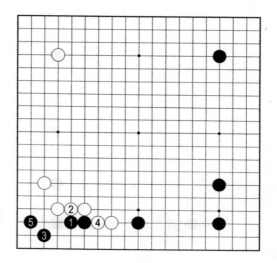

黑1长，局部最为简明的应法。

黑3、5活角是常用手段。

只不过，黑棋后手活角，似乎有些早。

图七十四

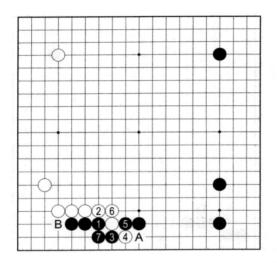

黑1顶，换个方向活棋。

白4扳，好棋。

白6之后，黑棋有些"麻"。

黑如A位打吃，白棋今后B位拐是先手，角上目数损了。

黑7粘上。

小黑："损目，我坚决不同意！"

可黑棋外围是个软头，也有被利之嫌。

图七十五

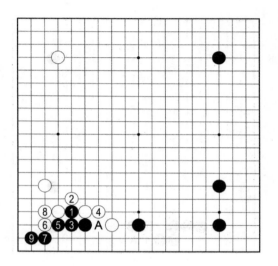

看来简单地处理，黑棋不太满意。

黑1挖！

小黑："都别拦着我，叛逆才是我的主打歌！"

白6扳，是局部的好棋。

至黑9，是双方正常的定型。

今后，白A位团是先手。

其实，黑棋还有更好的活角方法。

啊！还有变数？

图七十六

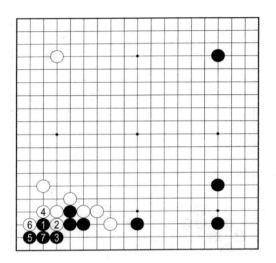

黑1跳，要优于上图。

同样是活角，注意看！

白棋星位、2、4那三颗棋子的气，要比上图更紧！

也就意味着，白棋的外围要薄一些。

小白："抠这么细，活着不累吗！"

小黑："没办法，都是为了生活。"

图七十七

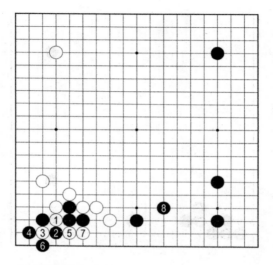

黑棋棋形有破绽。

只是，白棋冲断哪边，似乎都不太满意。

至黑8，白棋的目数不乐观。

如果没有钱，生活哪来的自由！

图七十八

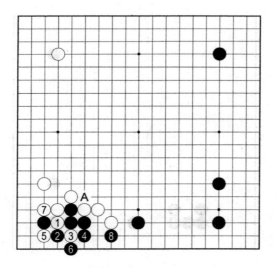

白棋换一边断，效果也不好。

黑8托过之后，白棋A位还留着断点。

白棋不如图七十六的定型。

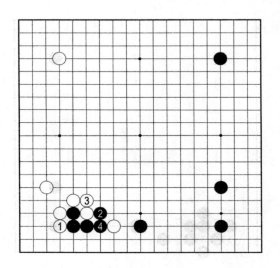

白1挡角里，黑2、4打出去似乎是当然的一手。

其实，黑棋还可以再追求一下。

啊！

黑棋还有其它的应法？

是不是颠覆了您的思维！

图八十

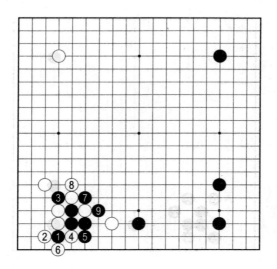

黑3断，有趣的手段！

小白："就不能和平共处吗？真是伤脑筋！"

小黑："对不起，我就是单纯地看你不顺眼。"

白4、6，黑7、9，双方互相拔花。

来啊，互相伤害！

从棋形上看，黑棋要略优于上图。

图八十一

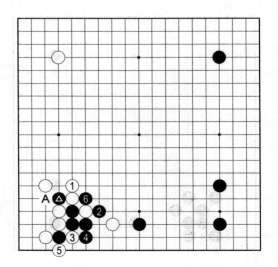

白1长，黑2打出。

白角里，A位有不好的味道。

白3、5消除角里的余味。

咦？还原成上图的棋形啦！

小黑："你是在和我绕圈圈吗？"

小白："还行，脑子还算清醒。"

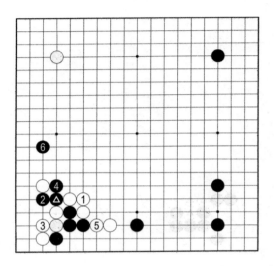

之前都不满意。

看来，白棋只能1位粘，先解除掉黑棋的双打吃！

黑2冲下，至黑6，形成转换。

本图是双方都可接受的结果。

小黑："且慢！你接受了，我情何以堪？"

图八十三

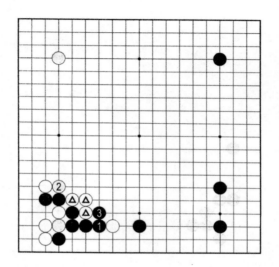

黑1先顶！

这是啥？求转换吗！

至黑3，白棋吃亏啦！

啊！为什么？

咱们和图七十九比较一下。

有没有发现，白△三颗子的气，变紧了？

小白："天下起雨了，人是不快乐，我的心真的受伤了。"

图八十四

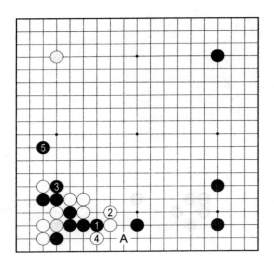

白2跟着应，才是正确的！

至黑5，邹老师，黑棋比之前好在哪？

咱们与图八十二作比较。

黑棋今后A位二路小尖是先手。

黑棋的死子是三口气，而图八十二，黑棋是两口气。

多出一口气，黑棋就多出一点点余味。

当然，整体的差距很小，都是双方可接受的定型。

图八十五

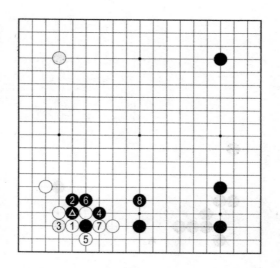

如果您不喜欢之前的定型。

白1打下边，也可考虑。

白棋征子不利，也行吗？

至黑8，棋形上看，似乎黑棋得利了。

小黑："难道不觉得屈辱吗？"

小白："只要工资高，受点委屈算个啥！"

其实，差距很小，白棋也完全可下。

图八十六

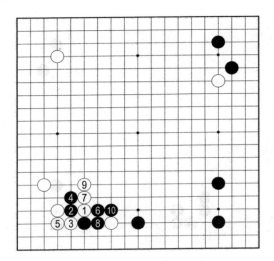

　　左上的棋形发生了变化，黑棋征子不利，能2位挖吗？

　　白7跑出来，吃住黑棋两子。

　　邹老师，这黑棋亏了吧？

　　确实亏了。亏得不多。

　　但我指的是，白棋吃亏了！

　　啊！这太意外了……

　　本图的进行，白棋不如上图。

图八十七

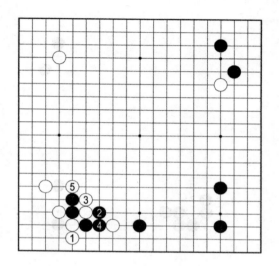

白1立，才是更好的应手！

想不到吧？

下围棋，要让想象自由地飞翔！

至白5，与上图比较，白棋角部的实空，肉眼可见，膨胀了一圈！

小白："黑兄，送你一盘猪脑，缺啥补啥！"

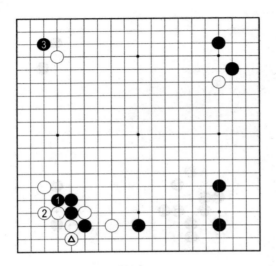

黑1拐，才是此时正确的应手。

交换之后，脱先抢空！

记住之前邹老师教过的口诀——走不好即脱先！

晕吗？

邹老师，左下角今后黑棋咋定型呢？

图八十九

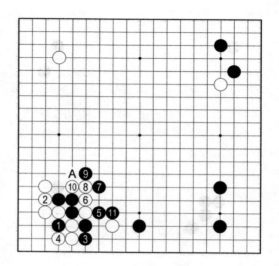

今后，黑1断，是可以考虑的选择。

白2粘，防黑棋冲下来。

黑3、5、7、9一气呵成。

黑棋弃掉三子，控制中央，扩张自身的形势。

黑11也可考虑A位压。

综上所述，即使黑棋征子不利，黑棋也未必不能挖。

图八十八，依然是双方可接受的定型。

图九十

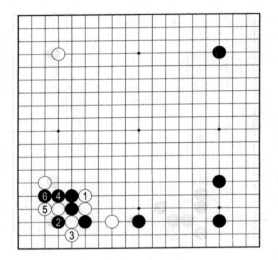

来看看，白棋其它的应法。

白1贴，基本不能考虑。

黑4、6冲下，白棋亏损了。

图九十一

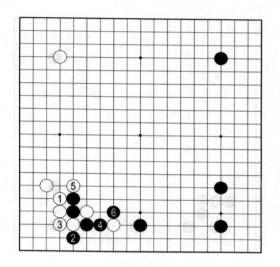

如果一定要贴，请别贴错了方向。

白1贴，在高手的实战对局中，也经常使用。

黑2、4是其中的一种处理方式。

至黑6，我个人喜欢黑棋多一些。

理由：空多的快乐，您想象不到啊！

邹老师，白5不能给点压力吗？

图九十二

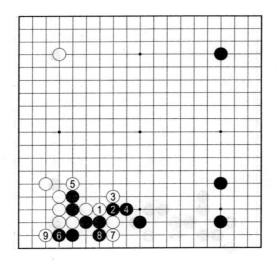

好吧。白1压，给压力！

黑2断之后，白5需要补棋。

白棋慢一气，被杀。

注意！黑棋别着急收气！

不收气，等死吗?

图九十三

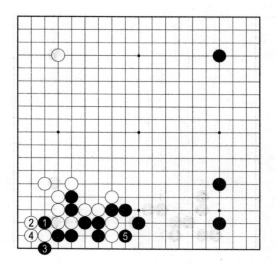

黑1断，绝妙的手段。

又到了展示才华的时候，记得低调点。

没看懂？

什么！能不能提高一下品味！

难道没发现黑棋官子便宜了吗！

图九十四

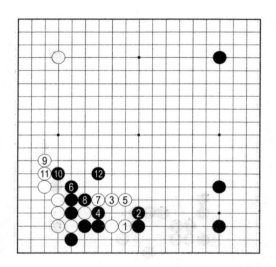

要想给压力，白1顶，才是真正的施加压力！

至黑12，一场乱战，在所难免。

邹老师，黑2长，胆子有点肥啊！我有了一丝冲动！

"冲动，我的心在颤抖……"

图九十五

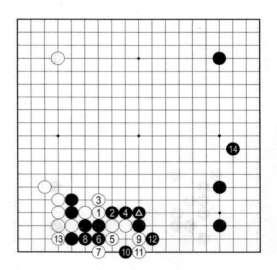

白1压，黑2断，里面形成杀气。

至白13，白棋快一气杀黑。

注意，黑10先点是重要的次序！

即使白棋吃住了黑棋，黑棋右边的阵势可观，从全局的形势来看，黑棋还不错。

意不意外？

意外是挺意外。

只不过，邹老师，您确定局部是黑棋死了吗？

图九十六

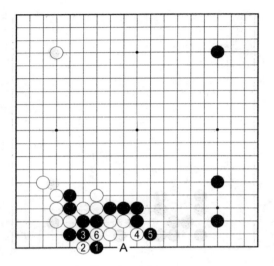

黑1跳，白棋一定要小心。

白2是基本功！

至白6，黑棋被杀。

注意！白2如直接4位虎，黑A位点，白棋就拜拜了。

邹老师，我还是觉得您的计算有问题！

哦？

图九十七

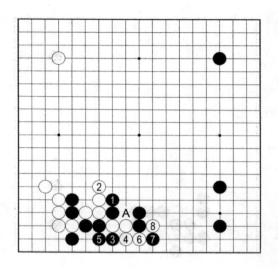

　　黑1贴。然后，抢先二路扳接，白棋不就死了吗？

　　好计算！

　　只不过，白8断之后，黑棋外围味道很坏。

　　要注意A位的冲出！

图九十八

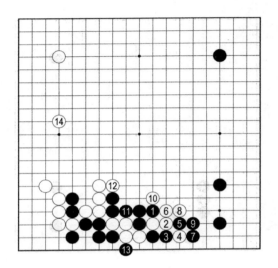

接下来，黑1只能拐打。

之后，是双方必然的进行。

小白："爱你孤身走暗巷，爱你不跪的模样。"

至白14，尽管吃住了白棋，但黑棋整体被压制在了下面，并不便宜。

黑棋不如图九十五的定型。

综上所述，我认为图九十四才是双方最强的应对。

图九十九

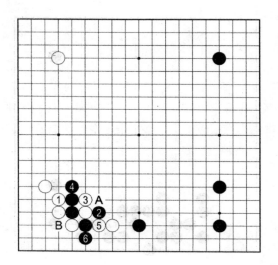

咱们回头来看看。

如果您不喜欢之前的定型。

白1贴时，黑2直接打吃，也很不错，送
给您！

白3、5太蠢了！

黑6之后，A与B见合，白棋崩溃了。

图一百

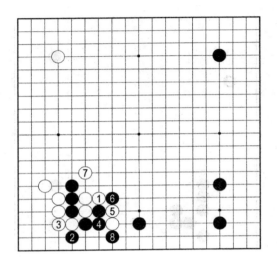

白1拐，黑2、4简单处理即可。

白5强行堵住黑棋。

小黑："爱你破烂的衣裳，却敢堵命运的枪！"

至黑8，这不叫转换，这是一场悲剧！

图一百零一

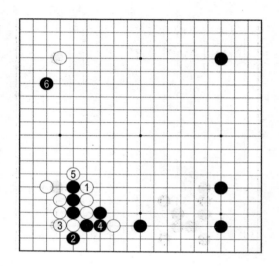

白1贴，是此时唯一的抵抗。

至白5，这才叫做转换！

我个人认为，黑棋速度较快，我更喜欢黑棋。

好啦，关于黑棋挖的下法，咱们就讲解完了。

您更喜欢哪几种定型方式呢？

图一百零二

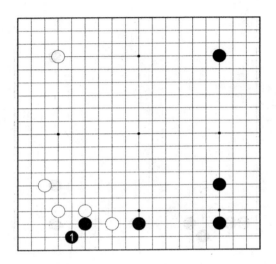

接下来，咱们讲讲黑1的小尖。

什么？何方妖孽？

小黑："最近存在感有点低，想换一个让人眼前一亮的发型！"

无论你懂或者不懂，黑1这步小尖，至少具备了帅的气质！

图一百零三

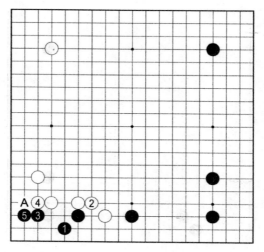

白2是正常的应对。

双方各取所需，是两分的定型。

注意，白A位挡是后手，黑棋可以脱先！

图一百零四

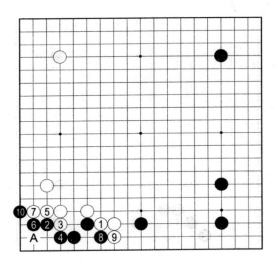

白1顶，不好！

白7挡，虽然是先手，A位有夹，黑棋需要补活。

只不过，黑棋可以扳在一路做活，白棋收获不大。

本图白棋的外围有断点，不如上图的进行。

图一百零五

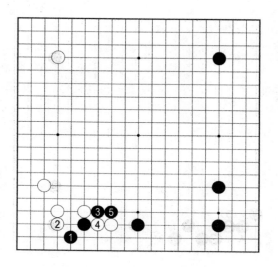

白2守住角空。

小白："我就是看不得别人赚钱！"

小黑："你这个格局,让人一言难尽啊！"

黑3、5反包围白棋,是黑棋留着的后招！

是准备弃子吗?

图一百零六

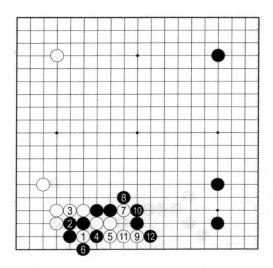

应得好，那就是弃子。

应不好，也是弃子。

小白："?"

小黑："谁让你这么蠢！"

至黑12，白棋全部阵亡了！

白7如先9位托，黑于7位长，白棋依然是死！

"他坐在楼梯上面，已经苍老……"

图一百零七

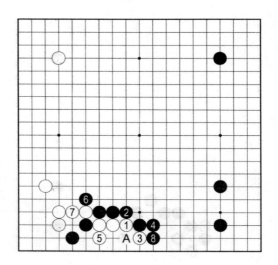

往里杀不行，咱们就往外。

白1顶，黑2挡，白3扳，黑4退，冷静。

至黑8，白棋吃是吃住了，就是吃得有些小。

接下来，白A位粘，落了后手。

白棋如脱先，黑A位打吃是先手。

左右两边，您对比一下块头，不用我多说了吧。

图一百零八

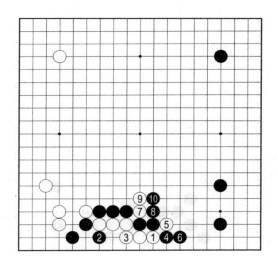

白1继续往外爬，使不得！

小黑："你一心求死，我真的拦不住啊！"

至黑10，白棋只有四口气，外围收不住黑棋——卒！

小白："下棋，真是让人憔悴……"

人不到伤痕累累就不会懂得后悔。

图一百零九

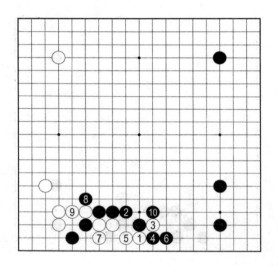

白1二路托，才是局部的好手段！

记住棋形要点！在多数情况下，白1托都会优于之前的顶！

黑2长，瞄着5位扳下。

至黑10，依然是黑棋不错。

进程中，白3如5位退，则黑4扳，效果差不多。

图一百一十

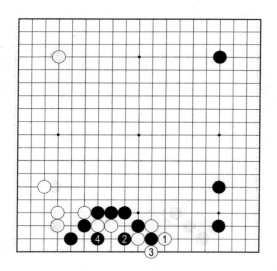

　　白1打吃，黑2、4吃住两颗白子，也是黑棋稍优。

　　小白："唉，为什么，受伤的总是我！"

　　小黑："也许是你太贪地了，需要提升一下格局！"

图一百一十一

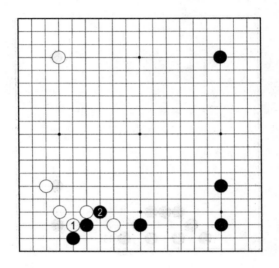

白1挤住！

小白："让我割地，我晚上睡不着觉！"

对于啥都不肯给的铁公鸡，一定要他付出代价！

黑2扳，请牢记！

"对面的女孩看过来……"

才华横溢的男生是最帅的！

图一百一十二

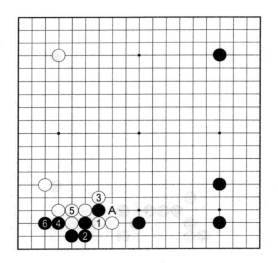

绕了一圈，是不是和图一百零三有点像？

依然是各取所需。

只不过，今后白棋还得防 A 位的跑出（征子的关系）。

白棋的速度有些慢，反倒不如图一百零三的定型。

注意，黑4打吃是重要的次序！

黑棋直接6位飞，今后4与5就交换不到了，目数会有差别！

图一百一十三

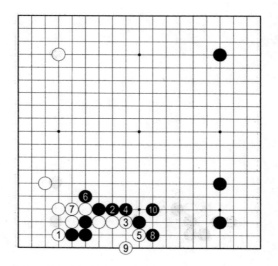

白1虎，守住角地。

黑2压，依然是弃子取势。

至黑10，黑棋右边的配置很好，是黑棋稍有利的局面。

邹老师，白棋这么大个角，难道不好吗？

您以为，角守住了？

啊？

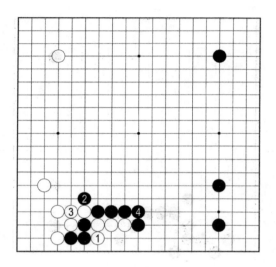

实际上，白棋上图的进行，未必有在1位挡好！

只不过，至黑4，依然是黑棋稍优的定型。

没看懂！

为啥吃这么小！

上图白棋的角，目数大多了！

图一百一十五

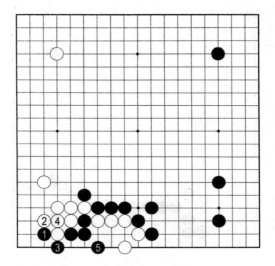

有一种空，是你认为是你的空！

黑1夹，小李飞刀，例不虚发！

至黑5，棋局基本结束了。

仔细看，白棋死了！

白2不虎，应哪了？

应哪里都是麻！

图一百一十六

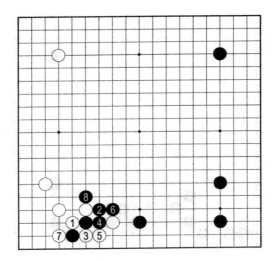

回头来看，白3只好下打。

至黑8，白棋被压制在下边，依然吃亏！

综上所述，白1挤是有问题的！

图一百零三，才是双方可接受的定型。

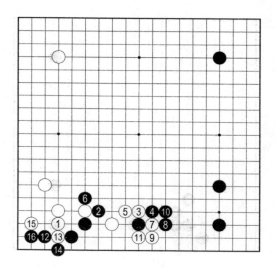

小白："让我放弃实地，我做不到！"

小黑："要改变一个人的本性，真的好难！"

黑2扳，白3靠压，反击作战也是可以考虑的下法。

黑12跳，重要的一手！

这步棋，空多且厚（关系到自身眼位），是不可错过的要点！

一子双关，就像是雌雄同体的，一般都很厉害。比如：东方不败！

呃……这都什么玩意！

图一百一十八

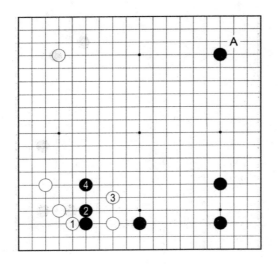

　　好啦，关于此局部的变化，咱们就告一段落。

　　如果您不喜欢白棋2位压取势的走法，如图一百零三。白1尖顶，也是可行的。

　　至黑4，双方对跑，一场乱战。

　　白1直接脱先也不错。

　　比如，A位点个三三，先捞为敬。

　　走不好，即脱先。

图一百一十九

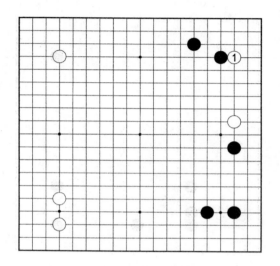

　　我视频课的同学们，想让我讲讲白1托的变化。

　　那好，作为一个负责任的老师，咱得给安排上！

　　这些常用的角部手段，咱们得做到心里有数，才能心中不慌！

图一百二十

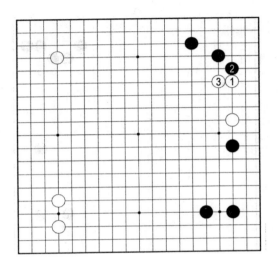

白1是普通的进行。

咦？是不是棋形有些熟悉？

黑棋的角部空虚吗？

想搞明白，赶紧买书！

邹老师的上本书《星位尖顶飞》，安排得明明白白！

还看不懂？

来我的微信视频号听视频课，一定给您讲得明明白白！

一波硬广告之后，咱们进入正题。

图一百二十一

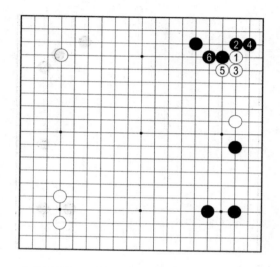

本图的进行是白棋所期待的！

白棋先手安定了自身。

而上图的进行，黑棋是先手。

李世石曾送给徒弟申旻埈一句话——先手必胜！

强调下围棋的核心是要追求子力的效率！

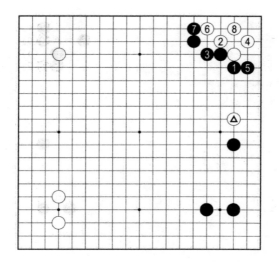

因此，此局面下，黑棋外扳才是正确的方向。

白2有疑问！

这不是定式吗？

您看看全局！

那颗白△您不管了吗？

行军打仗，不能卖自家兄弟啊！

图一百二十三

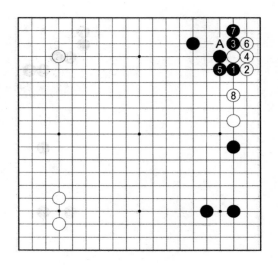

白2扳，才是此时正确的应手！

黑3、5是简单的处理。

小白："想法如此单纯，围棋不适合你。"

至白8，兄弟救回来了，空也守住了，还有啥不满呢！

进程中，黑7如8位跳，截断白棋，则白A位吃角，也可以满意。

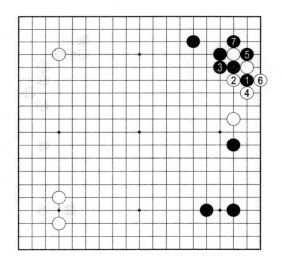

我见过，有同学下黑1扳的。

在此，再次重申一遍，黑棋几乎任何时候都是亏损的！

同学："老师，能不提了吗？求放过！"

唉，没办法。雨水也冲刷不掉，您留下的足迹。

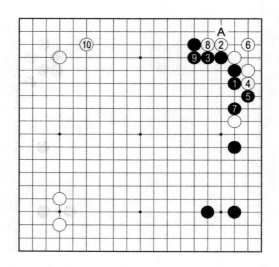

黑1长，企图截断白棋。

记住局部的要点——白2扳！

邹老师，还不是被截断了吗？

您还挺得意。看一看，付出了多惨重的代价！

黑角变白角啊！不心疼吗！

白8挤，交换一下，是为了防止黑棋A位夹的搜刮。

图一百二十六

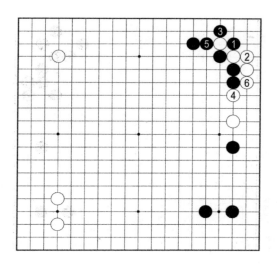

黑1、3吃角。

小黑："送上门来的肉，哪能不吃！"

白4顶，好棋。

黑5只好提。至白6，依然是白棋不错的结果。

图一百二十七

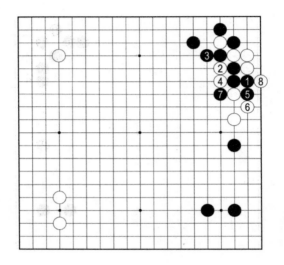

冲下去，是自杀的行为！

小黑：“别拦着我，我和你拼啦！”

小白：“以你的智商，我拦得住你吗！”

至白8，黑棋被征吃了。

小黑：“你就是运气好，仗着征子有利！”

图一百二十八

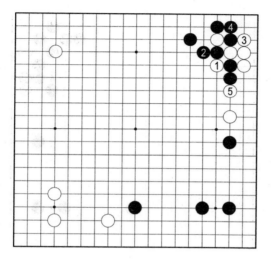

此时，白棋征子不利，咋办？

注意！白1先打吃，才是正确的次序！

白3拐打，先手延气，白5顶，白棋依然联络了。

黑2为啥不提？

提也分断不了白棋！

图一百二十九

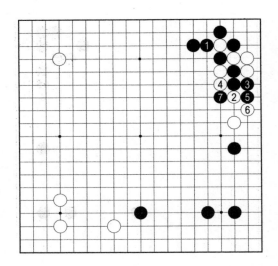

黑1提，正确。白2依然是顶。

黑3只能4位拐出，白3位连回，是接近的局势。

小黑："你征子不利啊，兄弟！"

小白："你要相信我！我从头到脚，每一个毛孔都是真诚的！"

小黑："我不禁感动了，眼里有了一些晶莹的小东西。"

白棋咋办呢？

图一百三十

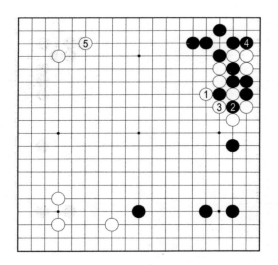

白1反打，黑2只能提。

黑2如3位长，则白2位粘，黑棋被吃了。

至黑4，黑棋虽吃住了白棋，但棋局已是大败！

小黑："唉，一千个伤心的理由……"

小白："都说了，你要相信我！"

图一百三十一

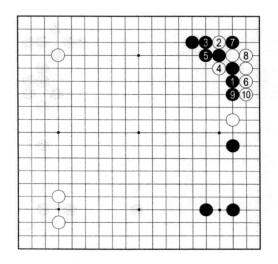

重新温习一遍！

黑1长，白2扳是要点！

黑3如顶住。

白4打吃之后，二路连回。

黑棋棋形不好，白棋可以满意。

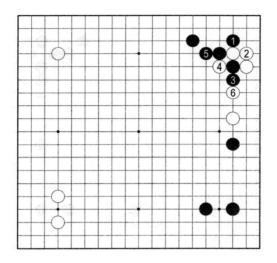

黑1打吃之后长，更不好！

白4断，黑棋角上有问题。

黑5补断，白6顶。

白棋征子有利，黑棋冲不下去。

熟悉吗？回看一下图一百二十七。

图一百三十三

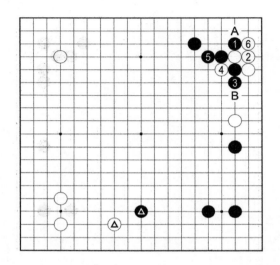

那要是白棋征子不利呢？

那咱们就白6先拐，角上延气。

接下来，黑A则白B。

小黑："唉，左右为难，这是最不好的安排。"

因此，黑1、3的处理有问题！

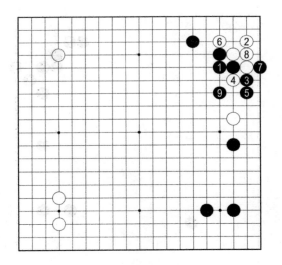

黑1粘，是局部常用的手段。

往外，白棋无棋可下，只能往角里去。

白2活角。

征子有利，白4断，给黑棋外围制造薄味。

黑9之后，白棋可脱先抢大场。

我个人觉得白棋还行。

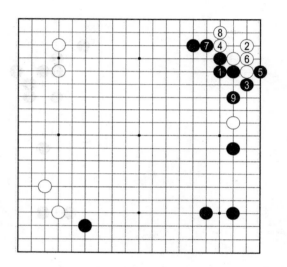

如果白棋征子不利，白4就不能断，只能活角。

至黑9，黑棋外围更厚，要略优于上图。

无论是上图还是本图的定型，局势都很接近。

需要注意的是，白棋角上没有活干净！

啊？

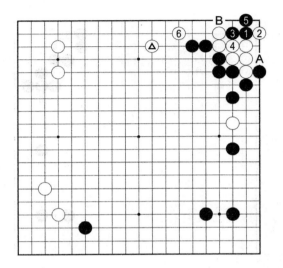

黑1顶，局部的死活常型，咱们一定要牢记！

黑5之后，白A则黑B，单看角部是个缓一气劫。

只不过，此时白⊙处有子力接应。

白6飞，白棋角部是净活。

小白："早就防着你呢！"

图一百三十七

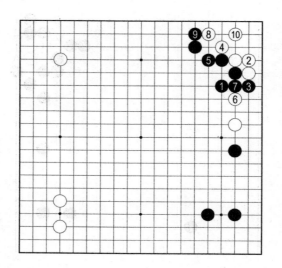

　　黑1虎，有意思的一手，强烈推荐给同学们！

　　至白10，同样是活角，与之前的定型比较，看出区别了吗？

　　黑棋更厚？

　　不要气我！本图黑棋是先手啊（图一百三十五，黑棋是后手）！

　　本图的进行，我认为是黑棋稍稍有利。

图一百三十八

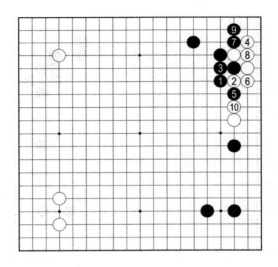

白2打吃，俗手！

至白10，白棋子力位置偏低，局部亏损。

咱们和之前的图一百二十三对比一下，就一目了然。

黑5能打到吗？

您想活角？

图一百三十九

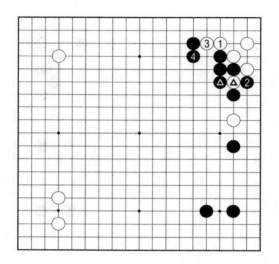

　　白棋选择活角的话，那⊘与●处的交换算个啥？

　　真是满屏幕的尴尬！

　　咱们只需和图一百三十五对比一下，就能看出白棋的亏损。

　　小白："我最恨比较了！"

　　小黑："我懂你！一比就气死人。"

图一百四十

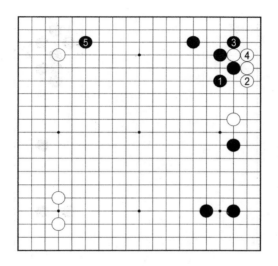

　　白2长，连是连回了，但依然效率低，不能满意。

　　这么看，黑1虎很厉害啊！

　　白棋咋办呢？

　　咱们需要一点想象力！

图一百四十一

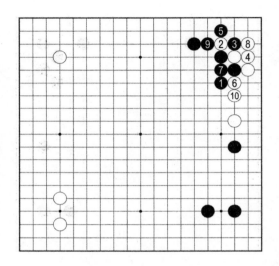

白2扳，局部精彩的手段。

向死而生！

小黑："一心求死，只好成全。"

小白："有时候，为了全局，一些牺牲是必要的。"

通过弃子，白棋整理好了棋形。

至白10，是双方可接受的进行。

注意！白6、8打吃的次序，不能下反了！

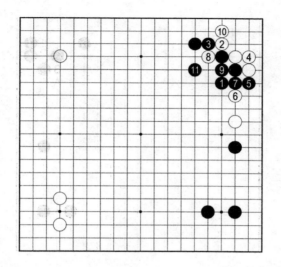

黑3顶住，不可取！

至黑11，白棋先手活角。

而黑棋的外围，棋形实在太丑啦！

因此，该吃还得吃！

上图的进行，才是黑棋正确的应对。

图一百四十三

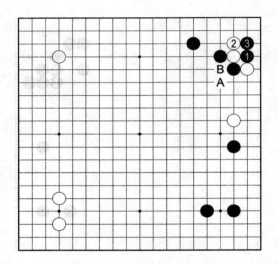

　　之前，咱们讲了黑棋 A 和 B 两种兼顾外围的应法。

　　我个人认为，黑 A 位虎比 B 位粘的选择，好掌握一些。

　　那么，直接取地又如何呢？

　　黑 1、3 是常用的手段。

　　小黑："只有守住实地，我才快乐！"

　　小白："守财奴啊！"

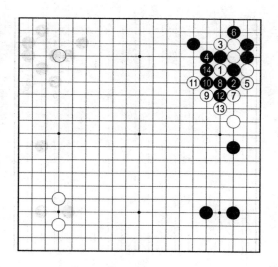

这是以前"古老"的下法。

小白："背谱有错吗?"

小黑："你OUT了!"

至黑14,黑棋实地饱满,白棋自身还需补棋。

因此,如果没有特殊的配合,白棋如此进行,多数情况都是吃亏的!

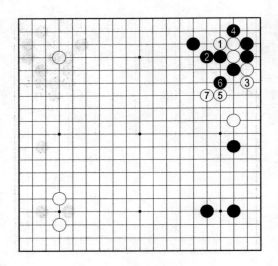

白1单拐，才是正确的应手。

黑2如退，白3单长。

至白7，您和上图比比看！

呃，好像也没啥区别。

近视眼啊！没觉得白棋的棋形和目数都好了不少吗！

因此，黑2退，是有问题的！

图一百四十六

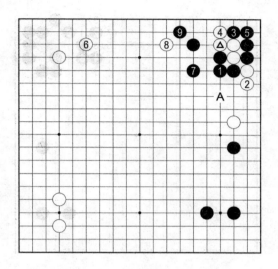

黑1粘，才是局部的好棋形！

做人要正直，棋形也要正！

黑3扳，紧住白棋的气，是关键的一手！

白6脱先守角，黑7稳健自补即可。

至黑9，是接近的局势。

我个人喜欢黑棋多一些。

进程中，黑7也可于A位跳，进攻白棋。

白6如A位飞，则黑7跳，消除角上味道。

图一百四十七

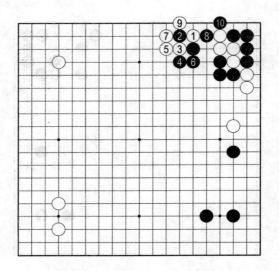

角上究竟有没有棋？这可能是您此时的困惑。

别担心！邹老师就是您喜欢的"消消乐"。

消除阴霾，阳光快乐！

白1托，黑2扳，不好！

白3断之后，黑棋只能割子求全。

至黑10，尽管没损失啥，但终归是被白棋便宜了。

小黑："我警告你！不要总想搭我的肩膀！"

小白："哎呀，别那么小气嘛！"

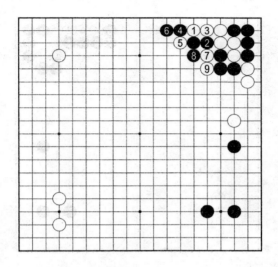

黑4扳，蛮干是不行的！

白7、9打出之后，黑棋棋形崩了。

杀棋的时候，一定要注意自身的问题！

棋如人生。

我们总是挑剔别人的毛病，而很少反省自己的问题。

图一百四十九

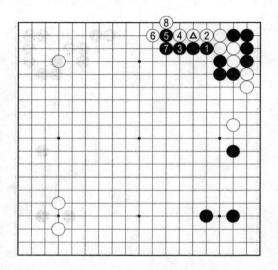

上图，黑4不能扳，只能如本图3位长。

可白6夹，让人讨厌。

白8渡过之后，是不是晕了？

气算不清啊！

邹老师也算不清，算不清就算了！

啊？您是负责任的老师吗？

黑棋之前有更简明的下法！

何必自寻烦恼呢？

图一百五十

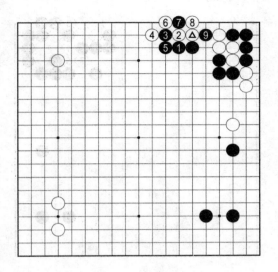

黑1长，记住这步关键的手段！

少作了顶的交换，白棋棋形的破绽就露出来啦！

黑7、9之后，是不是感觉到，白棋无法呼吸。

苦海无涯，回头是岸。

图一百五十一

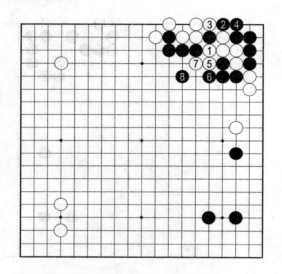

挣扎是徒劳的!

至黑8，白棋这满屏幕的接不归啊!

再品品上图中，黑1的单长。

围棋是次序的艺术!

图一百五十二

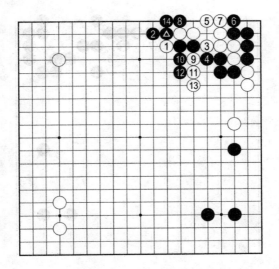

好啦，只剩最后一个困惑需要解决！

白1断，会如何？

无论白棋怎样抵抗，里面就是三口气！

至黑12，白棋无论和哪边杀气，都是差一口。

小黑："正可谓，英雄气短，壮哉！"

图一百五十三

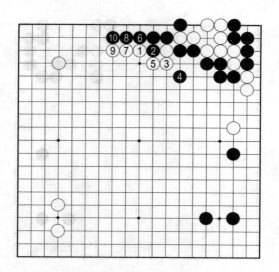

白1跳，不要被白棋迷惑了。

对于这类障眼法，咱们朴实应对就好。

黑2冲，黑4跳，与白棋交换一下，消除上边的余味。

黑6一直向前爬就好。

白棋的弃子，收获不大，亏损。

图一百五十四

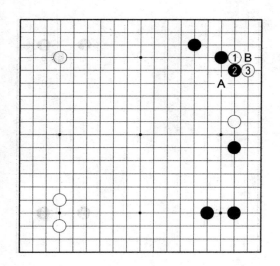

好啦，最后总结一下。

关于白1、3托角的手段，黑棋有两种下法可参考。

1、黑棋A位虎，是取势的下法。

图一百三十七与图一百四十一，是双方接近的定型。

2、黑棋想守住角地，可于B位打吃。大致会形成图一百四十六的结果。

有啥不明白的地方，来微信视频号联系我吧！

图一百五十五

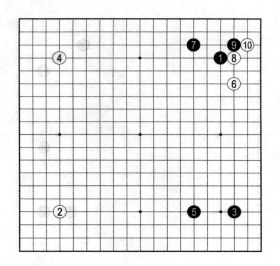

本册到这里就结束啦。

下册，咱们聊聊白棋8、10托、扳的变化。

下好围棋就像是煲一锅好汤！

汤煲得久，汤的香气才会出来。

因此，咱们学围棋也得熬得住！

可如果配方不对，熬多久，汤也不会好喝。

希望我给您的配方，能让您熬出一锅好汤！